Developing a Strong Mind for Achieving Success

सफलता प्राप्त करने के लिए एक मजबूत मन का विकास करना

Ashish Kaur

Copyright © [2023]

Title: Developing a Strong Mind for Achieving Success
Author's: Ashish Kaur

All rights reserved. No part of this publication may be reproduced, stored in a retrieval system, or transmitted in any form or by any means, electronic, mechanical, photocopying, recording, or otherwise, without the prior written permission of the publisher or author, except in the case of brief quotations embodied in critical reviews and certain other non-commercial uses permitted by copyright law.

This book was printed and published by [Publisher's: **Ashish Kaur**] in [2023]

ISBN:

Table of content

Chapter I: Introduction   05

A. The importance of a strong mindset for success

B. The key characteristics of a strong mindset

Chapter II: Cultivating a Growth Mindset   11

A. Embracing challenges and setbacks

B. Learning from mistakes and failures

C. Focusing on effort and improvement

Chapter III: Building Resilience   19

A. Overcoming obstacles and staying positive

B. Developing coping mechanisms for stress and setbacks

C. Maintaining a sense of hope and determination

Chapter IV: Enhancing Self-Discipline   28

A. Setting clear goals and priorities

B. Delaying gratification and staying focused

C. Practicing self-control and willpower

Chapter V: Nurturing Self-Belief   36

A. Recognizing your strengths and abilities

B. Visualizing success and positive outcomes

C. Overcoming self-doubt and negative thoughts

Chapter VI: Conclusion   45

A. The power of a strong mindset for achieving success

B. Strategies for continuous growth and development

Chapter I: Introduction

Chapter I: परिचय

सफलता के लिए एक मजबूत मन की महत्ता

सफलता की राह आसान नहीं होती। इसमें कड़ी मेहनत, समर्पण और दृढ़ता की आवश्यकता होती है। लेकिन इन सभी गुणों में से एक सबसे महत्वपूर्ण है एक मजबूत मन। एक मजबूत मन आपको प्रेरित रखता है, कठिन समय से गुजरने में मदद करता है और आपको अपने लक्ष्यों तक पहुँचने में सक्षम बनाता है

एक मजबूत मन क्या है?

एक मजबूत मन वह है जो सकारात्मक और लचीला है। यह वह मन है जो चुनौतियों का सामना करने और उनसे सीखने में सक्षम है। यह वह मन है जो हार को निराशा नहीं मानता, बल्कि एक सीखने के अवसर के रूप में देखता है।

एक मजबूत मन वाले व्यक्ति में निम्नलिखित विशेषताएँ होती हैं:

- वे खुद पर विश्वास करते हैं। वे मानते हैं कि वे अपने लक्ष्यों को प्राप्त कर सकते हैं, भले ही वे कितने भी कठिन क्यों न हों।
- वे सकारात्मक सोच रखते हैं। वे हमेशा अच्छाई की तलाश करते हैं, भले ही परिस्थितियाँ कितनी भी कठिन क्यों न हों।
- वे लचीले हैं। वे बदलाव के लिए अनुकूल हो सकते हैं और नए विचारों और अवसरों के लिए खुले हैं।

- वे दृढ़ हैं। वे अपने लक्ष्यों के लिए प्रतिबद्ध हैं और हार नहीं मानते।

एक मजबूत मन कैसे विकसित करें

एक मजबूत मन कुछ ऐसा नहीं है जो आप रातोंरात विकसित कर सकें। यह समय, प्रयास और समर्पण लेता है। लेकिन यह एक ऐसा निवेश है जो निश्चित रूप से भुगतान करेगा।

यहाँ कुछ युक्तियाँ हैं जिनसे आप एक मजबूत मन विकसित कर सकते हैं:

- अपने लक्ष्यों को परिभाषित करें। आप क्या हासिल करना चाहते हैं? एक बार जब आप अपने लक्ष्यों को जान लेंगे, तो आप उनके लिए योजना बनाना शुरू कर सकते हैं।

- सकारात्मक लोगों के साथ खुद को घेरें। जिन लोगों के साथ आप समय बिताते हैं, वे आपके दृष्टिकोण को प्रभावित कर सकते हैं। अपने आप को सकारात्मक और प्रेरित करने वाले लोगों के साथ घेरें।

- अपनी सफलताओं का जश्न मनाएं। जब आप कोई लक्ष्य प्राप्त करते हैं, तो उसे ज़रूर मनाएँ। यह आपको अपने बारे में अच्छा महसूस कराएगा और आपको और अधिक हासिल करने के लिए प्रेरित करेगा।

- अपनी कमियों से सीखें। हर कोई गलतियाँ करता है। लेकिन महत्वपूर्ण बात यह है कि आप उनसे सीखें और आगे बढ़ें।

- खुद पर दया करें। आप हर समय परफेक्ट नहीं हो सकते। जब आप गलती करते हैं, तो अपने आप पर कठोर न हों। बस सीखें और आगे बढ़ें।

एक मजबूत मन के लाभ

एक मजबूत मन के कई लाभ हैं, जिनमें शामिल हैं:

- बढ़ी हुई सफलता दर। एक मजबूत मन वाले लोग अपने लक्ष्यों को प्राप्त करने की अधिक संभावना रखते हैं।
- कम तनाव। एक मज्बूत मन वाले लोग तनाव से बेहतर तरीके से सामना कर सकते हैं और कम तनाव में रहते हैं।
- बेहतर स्वास्थ्य। एक मजबूत मन वाले लोग स्वस्थ शरीर भी रखते हैं।
- अधिक खुशी। एक मजबूत मन वाले लोग अधिक खुश और संतुष्ट रहते हैं।

यदि आप सफल होना चाहते हैं, तो एक मजबूत मन विकसित करना आवश्यक है। एक मजबूत मन आपको कठिन समय से गुजरने में मदद करेगा, आपको अपने लक्ष्यों तक पहुँचने में सक्षम करेगा और आपको एक खुशहाल और अधिक पूर्ण जीवन जीने में सक्षम करेगा।

एक मजबूत मन की प्रमुख विशेषताएं

किसी भी क्षेत्र में सफलता प्राप्त करने के लिए एक मजबूत मन होना आवश्यक है। एक मजबूत मन वाला व्यक्ति चुनौतियों का सामना करने में सक्षम होता है, लचीला होता है और अपने लक्ष्यों को प्राप्त करने के लिए दृढ़ होता है। यदि आप एक मजबूत मन विकसित करना चाहते हैं, तो यहाँ कुछ प्रमुख विशेषताओं पर ध्यान देना चाहिए:

1. सकारात्मक सोच:

एक मजबूत मन वाला व्यक्ति सकारात्मक सोच वाला होता है। इसका मतलब यह नहीं है कि वे नकारात्मक परिस्थितियों को नजरअंदाज करते हैं, बल्कि यह कि वे हमेशा अच्छाई की तलाश करते हैं और मानते हैं कि वे किसी भी चुनौती को पार कर सकते हैं।

2. आत्मविश्वास:

एक मजबूत मन वाला व्यक्ति खुद पर विश्वास करता है। वे अपनी क्षमताओं में भरोसा रखते हैं और मानते हैं कि वे अपने लक्ष्यों को प्राप्त कर सकते हैं।

3. दृढ़ता:

एक मजबूत मन वाला व्यक्ति दृढ़ होता है। वे अपने लक्ष्यों के प्रति प्रतिबद्ध हैं और हार नहीं मानते। वे चुनौतियों के सामने हार नहीं मानते, बल्कि उन्हें सीखने के अवसर के रूप में देखते हैं।

4. लचीलापन:

एक मजबूत मन वाला व्यक्ति लचीला होता है। वे बदलाव के लिए अनुकूल हो सकते हैं और नई परिस्थितियों में समायोजित कर सकते हैं। वे किसी भी स्थिति में अपना सर्वश्रेष्ठ प्रदर्शन करने में सक्षम होते हैं।

5. आत्म अनुशासन:

एक मजबूत मन वाला व्यक्ति आत्म अनुशासित होता है। वे अपने लक्ष्यों को प्राप्त करने के लिए आवश्यक कदम उठाने में सक्षम होते हैं, भले ही वे कितने भी कठिन क्यों न हों। वे अपने लक्ष्यों पर ध्यान केंद्रित रहते हैं और उन्हें प्राप्त करने के लिए खुद को प्रेरित करते हैं।

6. आशावाद:

एक मजबूत मन वाला व्यक्ति आशावादी होता है। वे भविष्य के बारे में सकारात्मक दृष्टिकोण रखते हैं और मानते हैं कि वे किसी भी चुनौती को पार कर सकते हैं।

7. साहस:

एक मजबूत मन वाला व्यक्ति साहसी होता है। वे जोखिम लेने और नए अनुभवों को आजमाने से नहीं डरते। वे असफलता से नहीं डरते, बल्कि इसे सीखने के अवसर के रूप में देखते हैं।

8. जिम्मेदारी:

एक मजबूत मन वाला व्यक्ति जिम्मेदार होता है। वे अपने कार्यों के परिणामों को स्वीकार करते हैं और दूसरों के प्रति अपनी प्रतिबद्धताओं को पूरा करते हैं।

9. कृतज्ञता:

एक मजबूत मन वाला व्यक्ति कृतज्ञ होता है। वे अपने जीवन में आने वाली अच्छी चीजों की सराहना करते हैं और दूसरों की मदद करने के लिए हमेशा तैयार रहते हैं।

10. क्षमा:

एक मजबूत मन वाला व्यक्ति क्षमा करने में सक्षम होता है। वे अतीत को जाने देते हैं और दूसरों को माफ कर देते हैं। वे जानते हैं कि क्रोध और नाराजगी उन्हें आगे बढ़ने से रोक सकती है।

यदि आप एक मजबूत मन विकसित करना चाहते हैं, तो इन विशेषताओं पर ध्यान केंद्रित करें और अपने आप में सुधार करने के लिए लगातार प्रयास करें। एक मजबूत मन आपको अपने लक्ष्यों को प्राप्त करने में मदद करेगा और आपको एक खुशहाल और अधिक पूर्ण जीवन जीने में सक्षम करेगा।

Chapter II: Cultivating a Growth Mindset

Chapter II: विकासशील मानसिकता की खेती करना

चुनौतियों और असफलताओं को गले लगाना

जीवन में चुनौतियाँ और असफलताएँ अनिवार्य हैं। वे हर किसी के जीवन का एक स्वाभाविक हिस्सा हैं। लेकिन चुनौतियाँ और असफलताएँ हमेशा नकारात्मक नहीं होती हैं। वे वास्तव में सीखने और बढ़ने के अवसर हो सकते हैं। यदि आप चुनौतियों और असफलताओं को गले लगाना सीख लेंगे, तो आप अपने जीवन में बहुत कुछ हासिल कर पाएंगे।

चुनौतियों को गले लगाने के लाभ

चुनौतियों को गले लगाने के कई लाभ हैं, जिनमें शामिल हैं:

- बढ़ी हुई क्षमता: जब आप चुनौतियों को गले लगाते हैं, तो आप अपनी क्षमताओं को बढ़ाने का अवसर ले रहे हैं। जब आप किसी चुनौती को दूर करते हैं, तो आप अपने आप में विश्वास बढ़ाते हैं और आप नई चुनौतियों का सामना करने के लिए तैयार होते हैं।
- अधिक से अधिक सीखना: चुनौतियाँ आपको सीखने का अवसर देती हैं। जब आप किसी चुनौती का सामना करते हैं, तो आप नई चीजें सीखते हैं और आप अपनी समस्या-समाधान कौशल विकसित करते हैं।

- अधिक से अधिक व्यक्तिगत विकास: चुनौतियाँ आपको व्यक्तिगत रूप से विकसित होने का अवसर देती हैं। जब आप किसी चुनौती का सामना करते हैं, तो आप अपने बारे में अधिक सीखते हैं और आप अपने आप को एक व्यक्ति के रूप में विकसित करते हैं।

चुनौतियों से कैसे निपटें

यदि आप चुनौतियों से निपटना सीखना चाहते हैं, तो ये कुछ युक्तियाँ हैं:

- चुनौती को परिभाषित करें। पहला कदम यह है कि आप उस चुनौती को परिभाषित करें जिसका आप सामना कर रहे हैं। एक बार जब आप चुनौती को जान लेंगे, तो आप इसके लिए एक योजना बना सकते हैं।
- अपने आप में विश्वास करें। आप चुनौती को दूर कर सकते हैं। अपने आप में विश्वास करें और अपनी क्षमताओं पर भरोसा रखें।
- सकारात्मक रहें। सकारात्मक रहने से आपको चुनौती का सामना करने की प्रेरणा मिलती रहेगी।
- मदद के लिए पूछें। यदि आपको सहायता की आवश्यकता है, तो मदद के लिए पूछने से न डरें।
- हार न मानें। हार न मानें और कोशिश करते रहें।

असफलताओं से कैसे निपटें

असफलताएँ भी जीवन का एक स्वाभाविक हिस्सा हैं। हर कोई असफल होता है। लेकिन असफलताएँ हमेशा नकारात्मक नहीं होती हैं। वे वास्तव में सीखने और बढ़ने के अवसर हो सकते हैं। यदि आप असफलताओं से निपटना सीख लेंगे, तो आप अपने जीवन में बहुत कुछ हासिल कर पाएंगे।

असफलताओं से निपटने के लिए कुछ युक्तियाँ:

- असफलता को स्वीकार करें। पहला कदम यह है कि आप असफलता को स्वीकार करें। यह आसान नहीं हो सकता है, लेकिन यह आवश्यक है।
- असफलता का विश्लेषण करें। एक बार जब आप असफलता को स्वीकार कर लेते हैं, तो आप इसका विश्लेषण कर सकते हैं। यह आपको यह समझने में मदद करेगा कि क्या गलत हुआ और आप भविष्य में कैसे सुधार कर सकते हैं।
- अपने आप पर दया करें। हर कोई गलतियाँ करता है। अपने आप पर दया करें और अपने आप को असफल होने के लिए न मारें।
- आगे बढ़ें। अतीत में मत अटके रहें। आगे बढ़ें और अपने लक्ष्यों पर ध्यान दें।

चुनौतियों और असफलताओं को गले लगाने का महत्व

चुनौतियों और असफलताओं को गले लगाना सीखना आपके जीवन में बहुत बड़ा बदलाव ला सकता है। जब आप चुनौतियों और असफलताओं से नहीं डरते, तो आप अपने लक्ष्यों को प्राप्त करने की अधिक संभावना रखते हैं। आप एक अधिक सफल, अधिक खु

गलतियों और असफलताओं से सीखना

गलतियाँ और असफलताएँ जीवन का एक स्वाभाविक हिस्सा हैं। कोई भी व्यक्ति उनसे पूरी तरह से नहीं बच सकता। लेकिन गलतियाँ और असफलताएँ भी सीखने और बढ़ने के महान अवसर हैं। यदि हम गलतियों और असफलताओं से सीखना सीख लेंगे, तो हम अपने जीवन में बहुत कुछ हासिल कर सकते हैं।

गलतियों से सीखने के लाभ

गलतियों से सीखने के कई लाभ हैं, जिनमें शामिल हैं:

- बेहतर निर्णय लेना: गलतियों से सीखने से हमें बेहतर निर्णय लेने में मदद मिलती है। जब हम गलती करते हैं, तो हम उस गलती से सीखते हैं और भविष्य में यही गलती नहीं करते हैं।
- समस्या-समाधान कौशल का विकास: गलतियों से सीखने से हम अपनी समस्या-समाधान कौशल विकसित करते हैं। जब हम गलती करते हैं, तो हम यह सोचना सीखते हैं कि समस्या को कैसे हल किया जाए।
- आत्म-विश्वास में वृद्धि: गलतियों से सीखने से हमें आत्म-विश्वास में वृद्धि होती है। जब हम गलती करते हैं और उससे सीखते हैं, तो हम यह सोचने लगते हैं कि हम कोई भी समस्या हल कर सकते हैं।

गलतियों से कैसे सीखें

यदि आप गलतियों से सीखना सीखना चाहते हैं, तो ये कुछ युक्तियाँ हैं:

- अपनी गलती को स्वीकार करें: गलतियों से सीखने का पहला कदम यह है कि आप अपनी गलती को स्वीकार करें। यदि आप अपनी गलती को स्वीकार नहीं करते हैं, तो आप उससे नहीं सीख सकते।
- गलती का विश्लेषण करें: एक बार जब आप अपनी गलती को स्वीकार कर लेते हैं, तो आप उसका विश्लेषण कर सकते हैं। यह आपको यह समझने में मदद करेगा कि गलती क्यों हुई और आप भविष्य में कैसे सुधार कर सकते हैं।
- अपने आप से दया करें: हर कोई गलतियाँ करता है। अपने आप से दया करें और अपने आप को गलती करने के लिए न मारें।
- आगे बढ़ें: अतीत में मत अटके रहें। आगे बढ़ें और अपने लक्ष्यों पर ध्यान दें।

असफलताओं से सीखना

असफलताएँ भी सीखने का एक महान अवसर हैं। जब हम असफल होते हैं, तो हम यह सीखते हैं कि क्या नहीं करना है और हम भविष्य में बेहतर कर सकते हैं।

असफलताओं से सीखने के लाभ

असफलताओं से सीखने के कई लाभ हैं, जिनमें शामिल हैं:

- लचीलापन: असफलताओं से सीखने से हमें लचीलापन बढ़ता है। जब हम असफल होते हैं, तो हम यह सीखते हैं कि कैसे वापस उठें और फिर से कोशिश करें।
- **दृढ़ता:** असफलताओं से सीखने से हमें दृढ़ता बढ़ती है। जब हम असफल होते हैं, तो हम यह सीखते हैं कि हार न मानें और अपने लक्ष्यों का पीछा करना जारी रखें।

- रचनात्मकता: असफलताओं से सीखने से हमें रचनात्मकता बढ़ती है। जब हम असफल होते हैं, तो हम नए विचारों के साथ आना सीखते हैं और समस्याओं को हल करने के नए तरीके खोजते हैं।

असफलताओं से सीखने का तरीका

यदि आप असफलताओं से सीखना सीखना चाहते हैं, तो ये कुछ युक्तियाँ हैं:

- असफलता को स्वीकार करें: असफलताओं से सीखने का पहला कदम यह है कि आप असफलता को

प्रयास और सुधार पर ध्यान देना

सफलता का मार्ग आसान नहीं होता है। इसमें कड़ी मेहनत, समर्पण और दृढ़ता की आवश्यकता होती है। लेकिन ये सभी गुणों में से एक सबसे महत्वपूर्ण है प्रयास और सुधार पर ध्यान देना। प्रयास और सुधार पर ध्यान केंद्रित करके, आप अपने लक्ष्यों तक पहुँचने की अधिक संभावना रखते हैं।

प्रयास क्यों महत्वपूर्ण है?

प्रयास महत्वपूर्ण है क्योंकि यह आपको अपने लक्ष्यों को प्राप्त करने के लिए आवश्यक कार्रवाई करने के लिए प्रेरित करता है। जब आप प्रयास करते हैं, तो आप यह दिखा रहे हैं कि आप अपने लक्ष्यों के बारे में गंभीर हैं और आप उन्हें प्राप्त करने के लिए प्रतिबद्ध हैं।

सुधार क्यों महत्वपूर्ण है?

सुधार महत्वपूर्ण है क्योंकि यह आपको अपने लक्ष्यों तक पहुँचने में अधिक कुशल बनने में मदद करता है। जब आप सुधार करते हैं, तो आप अपनी कमियों को दूर करते हैं और अपनी ताकत बढ़ाते हैं।

अपने प्रयास और सुधार पर कैसे ध्यान केंद्रित करें

अपने प्रयास और सुधार पर ध्यान केंद्रित करने के लिए आप कई चीजें कर सकते हैं। यहां कुछ युक्तियाँ हैं:

- अपने लक्ष्यों को स्पष्ट रूप से परिभाषित करें। आप क्या हासिल करना चाहते हैं? एक बार जब आप अपने लक्ष्यों को जान लेंगे, तो आप उनके लिए योजना बनाना शुरू कर सकते हैं।

- छोटे, प्राप्य लक्ष्य निर्धारित करें। बड़े लक्ष्यों को छोटे, प्राप्य लक्ष्यों में तोड़ने से उन्हें कम भारी और अधिक प्राप्य बना दिया जाता है।

- अपनी प्रगति को ट्रैक करें। यह आपको दिखाएगा कि आप कितनी दूर आ गए हैं और आपको आगे बढ़ते रहने के लिए प्रेरित करेगा।

- अपनी कमियों से सीखें। हर कोई गलतियाँ करता है। लेकिन महत्वपूर्ण बात यह है कि आप उनसे सीखें और सुधार करें।

- सकारात्मक लोगों के साथ खुद को घेरें। सकारात्मक लोग आपको प्रेरित और प्रेरित रख सकते हैं।

- अपने आप को पुरस्कृत करें। जब आप कोई लक्ष्य प्राप्त करते हैं, तो उसे ज़रूर मनाएँ। यह आपको अपने बारे में अच्छा महसूस कराएगा और आपको और अधिक हासिल करने के लिए प्रेरित करेगा।

Chapter III: Building Resilience

Chapter III: लचीलापन का निर्माण

बाधाओं पर विजय और सकारात्मक रहना

जीवन की राह चुनौतियों और बाधाओं से भरी है। हम में से हर किसी को किसी न किसी समय में मुश्किलों का सामना करना पड़ता है। लेकिन इन चुनौतियों का सामना करने और सफल होने के लिए आवश्यक है कि हम सकारात्मक बने रहें और बाधाओं को पार करने का प्रयास करें।

बाधाओं का सामना करने के लिए सकारात्मक रहने का महत्व

सकारात्मक रहने से हमें कई प्रकार के लाभ मिलते हैं, जिनमें शामिल हैं:

- बढ़ी हुई लचीलापन: सकारात्मक रहने से हमें मुश्किलों का सामना करने और वापस उठने की क्षमता बढ़ती है।
- कम तनाव: सकारात्मक रहने से तनाव कम होता है और हम स्वस्थ रहते हैं।
- बढ़ी हुई प्रेरणा: सकारात्मक रहने से हमें अपने लक्ष्यों की ओर आगे बढ़ने की प्रेरणा मिलती है।
- बेहतर रिश्ते: सकारात्मक रहने से हमें दूसरों के साथ बेहतर रिश्ते बनाने में मदद मिलती है।

बाधाओं का सामना करने के लिए सकारात्मक रहने के तरीके

यहाँ कुछ तरीके हैं जिनसे आप बाधाओं का सामना करने के लिए सकारात्मक रह सकते हैं:

- अपने लक्ष्यों पर ध्यान दें: अपने लक्ष्यों को स्पष्ट रूप से परिभाषित करें और उन पर ध्यान केंद्रित करें। इससे आपको मुश्किलों का सामना करने के लिए प्रेरणा मिलेगी।
- अपनी कमियों से सीखें: हर कोई गलतियाँ करता है। लेकिन महत्वपूर्ण बात यह है कि आप उनसे सीखें और आगे बढ़ें।
- अपनी प्रगति को ट्रैक करें: यह आपको दिखाएगा कि आप कितनी दूर आ गए हैं और आपको आगे बढ़ते रहने के लिए प्रेरित करेगा।
- अपनी सफलताओं का जश्न मनाएं: जब आप कोई लक्ष्य प्राप्त करते हैं, तो उसे ज़रूर मनाएँ। यह आपको अपने बारे में अच्छा महसूस कराएगा और आपको और अधिक हासिल करने के लिए प्रेरित करेगा।
- सकारात्मक लोगों के साथ खुद को घेरें: सकारात्मक लोग आपको प्रेरित और प्रेरित रख सकते हैं।
- अपनी देखभाल करें: यह सुनिश्चित करें कि आप पर्याप्त नींद लें, स्वस्थ भोजन खाएं और नियमित रूप से व्यायाम करें। यह आपको तनाव कम करने और सकारात्मक रहने में मदद करेगा।

बाधाओं पर विजय पाने की रणनीतियाँ

यहाँ कुछ रणनीतियाँ हैं जिनसे आप बाधाओं पर विजय पा सकते हैं:

- समस्या को पहचानें: सबसे पहले, आपको उस समस्या को पहचानने की आवश्यकता है जिसका आप सामना कर रहे हैं।

एक बार जब आप समस्या को समझ लेंगे, तो आप उसके लिए एक योजना बना सकते हैं।

- समाधान खोजें: एक बार जब आप समस्या को पहचान लेंगे, तो आप उसके लिए समाधान खोजना शुरू कर सकते हैं। कई अलग-अलग समाधान हो सकते हैं, इसलिए यह महत्वपूर्ण है कि आप सबसे अच्छा समाधान चुनें।
- कार्रवाई करें: एक बार जब आप एक समाधान चुन लेंगे, तो आपको कार्रवाई करने की आवश्यकता है। यह आसान नहीं हो सकता है, लेकिन यह महत्वपूर्ण है कि आप आगे बढ़ते रहें।
- हमें क्षमा करें: कभी-कभी, आप बाधाओं को दूर करने में सक्षम नहीं होंगे। यह ठीक है। बस अपने आप को क्षमा करें और आगे बढ़ें।

तनाव और असफलताओं से निपटने के लिए ताकत विकसित करना

जीवन में तनाव और असफलताओं से बचना असंभव है। वे हमारे जीवन का एक स्वाभाविक हिस्सा हैं। लेकिन तनाव और असफलताओं का मतलब यह नहीं है कि हम सफल नहीं हो सकते। वास्तव में, तनाव और असफलताओं को सीखने और बढ़ने के अवसरों में बदला जा सकता है।

तनाव क्या है?

तनाव हमारे शरीर की एक प्राकृतिक प्रतिक्रिया है जो हमें खतरे या चुनौती से निपटने में मदद करती है। जब हम तनाव में होते हैं, तो हमारा शरीर हार्मोन जैसे कोर्टिसोल और एड्रेनालाईन रिलीज़ करता है। ये हार्मोन हमें तेजी से सोचने और कार्य करने में मदद करते हैं।

असफलता क्या है?

असफलता किसी लक्ष्य को प्राप्त करने में असमर्थता है। असफलताएँ निराशाजनक हो सकती हैं, लेकिन वे सीखने और बढ़ने के अवसर भी हो सकती हैं।

तनाव और असफलताओं के प्रभाव

तनाव और असफलताओं के हमारे शारीरिक और मानसिक स्वास्थ्य पर कई नकारात्मक प्रभाव हो सकते हैं। तनाव से चिंता, अवसाद, थकान और सिरदर्द जैसी समस्याएं हो सकती हैं। असफलताएँ हमें आत्मविश्वास की कमी, निराशा और हार की भावना पैदा कर सकती हैं।

तनाव और असफलताओं से निपटने के लिए ताकत विकसित करना

तनाव और असफलताओं से निपटने के लिए ताकत विकसित करना महत्वपूर्ण है। यह हमें तनाव और असफलताओं के हानिकारक प्रभावों से निपटने में मदद कर सकता है और हमें लचीला और लचीला बना सकता है।

तनाव और असफलताओं से निपटने के लिए कुछ उपयोगी टिप्स

- अपनी भावनाओं को पहचानें और स्वीकार करें: तनाव और असफलताओं का अनुभव करना सामान्य है। अपनी भावनाओं को पहचानना और स्वीकार करना महत्वपूर्ण है ताकि आप उनसे निपटना शुरू कर सकें।

- अपनी सीमाएँ जानें: आप सब कुछ नहीं कर सकते। अपनी सीमाओं को जानना और यह स्वीकार करना महत्वपूर्ण है कि आप कभी-कभी असफल होंगे।

- अपनी देखभाल करें: तनाव और असफलताओं का सामना करने से आपका शरीर कमजोर हो सकता है। यह सुनिश्चित करना महत्वपूर्ण है कि आप पर्याप्त नींद लें, स्वस्थ भोजन खाएं और नियमित रूप से व्यायाम करें।

- अपने बारे में सकारात्मक सोचें: अपने बारे में सकारात्मक सोच से आपको अपने लक्ष्यों को प्राप्त करने और असफलताओं से निपटने में मदद मिल सकती है।

- समर्थन प्रणाली बनाएं: अपने आस-पास ऐसे लोगों को रखें जो आपको सपोर्ट कर सकते हैं और आपको प्रोत्साहित कर सकते हैं।

- पेशेवर मदद लें: यदि आप तनाव और असफलताओं से निपटने के लिए संघर्ष कर रहे हैं, तो पेशेवर मदद लेने में संकोच न करें।

तनाव और असफलताओं से निपटने के लिए ताकत विकसित करना महत्वपूर्ण क्यों है?

तनाव और असफलताओं से निपटने के लिए ताकत विकसित करना महत्वपूर्ण है क्योंकि यह हमें निम्नलिखित चीजों में मदद कर सकता है:

- तनाव और असफलताओं के हानिकारक प्रभावों से निपटें
- लचीला और लचीला बनें
- अपने लक्ष्यों को प्राप्त करें
- एक अधिक सुखी और पूरा जीवन जीएं

**अंत में, यह याद रखना महत्वपूर्ण है कि तनाव और असफलताएँ जीवन का एक स्वाभाविक हिस्सा हैं।

आशा और दृढ़ संकल्प की भावना बनाए रखना

जीवन में चुनौतियों और असफलताओं का सामना करना आम बात है। ये अनुभव हमें निराश, हतोत्साहित और निराश महसूस करा सकते हैं। हालाँकि, इन परिस्थितियों में भी आशा और दृढ़ संकल्प की भावना बनाए रखना महत्वपूर्ण है। आशा हमें कठिन समय के दौरान भी आगे बढ़ने की प्रेरणा देती है, जबकि दृढ़ संकल्प हमें अपने लक्ष्यों को प्राप्त करने के लिए प्रयास करते रहने की शक्ति प्रदान करती है।

आशा और दृढ़ संकल्प क्यों महत्वपूर्ण हैं?

आशा और दृढ़ संकल्प हमारे जीवन में महत्वपूर्ण भूमिका निभाते हैं। वे हमें निम्नलिखित तरीकों से लाभान्वित करते हैं:

- हमें चुनौतियों से निपटने में मदद करते हैं: जब हम चुनौतियों का सामना करते हैं, तो आशा और दृढ़ संकल्प हमें समस्याओं का समाधान खोजने और बाधाओं को दूर करने के लिए प्रेरित करते हैं।

- हमारे लचीलेपन में वृद्धि करते हैं: जब हम लचीले होते हैं, तो हम जीवन में आने वाले बदलावों के साथ अनुकूलन करने में सक्षम होते हैं। आशा और दृढ़ संकल्प हमें जीवन की अनिश्चितताओं का सामना करने की ताकत देते हैं।

- हमारी प्रेरणा बढ़ाते हैं: जब हम प्रेरित होते हैं, तो हम अपने लक्ष्यों को प्राप्त करने के लिए कड़ी मेहनत करने के लिए प्रेरित होते हैं। आशा और दृढ़ संकल्प हमें हमारे लक्ष्यों के प्रति प्रतिबद्ध रहने में मदद करते हैं।

- **हमारे समग्र स्वास्थ्य में सुधार करते हैं:** शोध से पता चला है कि आशा और दृढ़ संकल्प हमारे मानसिक और शारीरिक स्वास्थ्य में सुधार कर सकते हैं। आशावादी लोग तनाव कम महसूस करते हैं और बेहतर शारीरिक स्वास्थ्य रखते हैं।

आशा बनाए रखने के टिप्स

- अपने लक्ष्यों को ध्यान में रखें: अपने लक्ष्यों को स्पष्ट रूप से परिभाषित करें और उन पर ध्यान केंद्रित करें। यह आपको कठिन समय के दौरान भी प्रेरित रखने में मदद करेगा।

- अपनी सफलताओं का जश्न मनाएं: जब आप कोई लक्ष्य प्राप्त करते हैं, तो उसे ज़रूर मनाएँ। यह आपको अपने बारे में अच्छा महसूस कराएगा और आपको आगे बढ़ते रहने के लिए प्रेरित करेगा।

- सकारात्मक लोगों के साथ समय बिताएं: सकारात्मक लोग आपको प्रेरित और प्रोत्साहित रख सकते हैं।

- अपने आप से दयालु बनें: हर कोई गलतियाँ करता है। अपने आप से दयालु बनें और खुद को गलतियों के लिए न मारें।

- दैनिक कृतज्ञता अभ्यास करें: हर दिन उन चीजों के लिए कृतज्ञता व्यक्त करें जो आपके पास हैं। यह आपको अपने जीवन के सकारात्मक पहलुओं पर ध्यान केंद्रित करने में मदद करेगा।

दृढ़ संकल्प बनाए रखने के टिप्स

- छोटे, प्राप्य लक्ष्य निर्धारित करें: बड़े लक्ष्यों को छोटे, प्राप्य लक्ष्यों में तोड़ने से उन्हें कम भारी और अधिक प्राप्य बना दिया जाता है।

- हर कदम पर खुद को पुरस्कृत करें: जब आप कोई लक्ष्य प्राप्त करते हैं, तो उसे ज़रूर पुरस्कृत करें। यह आपको आगे बढ़ते रहने के लिए प्रेरित करेगा।

- अपने आप को प्रोत्साहित करें: जब आप हार मानने के लिए तैयार हों, तो अपने आप को प्रोत्साहित करें। याद रखें कि आप अपने लक्ष्यों को प्राप्त कर सकते हैं।

- दूसरों से मदद लें: जब आपको सहायता की आवश्यकता हो, तो मदद के लिए पूछने से न डरें।

- हार मत मानो: हार मत मानो और कोशिश करते रहो। हर असफलता एक सीखने का

Chapter IV: Enhancing Self-Discipline

Chapter IV: आत्म-संयम बढ़ाना

स्पष्ट लक्ष्य और प्राथमिकताएँ निर्धारित करना

जीवन में सफलता पाने के लिए स्पष्ट लक्ष्य और प्राथमिकताएँ निर्धारित करना आवश्यक है। जब हम जानते हैं कि हम क्या हासिल करना चाहते हैं, तो हम अपने प्रयासों को निर्देशित कर सकते हैं और अधिक कुशलता से काम कर सकते हैं। स्पष्ट लक्ष्य हमें प्रेरित भी करते हैं और हमें कठिन समय के दौरान भी आगे बढ़ते रहने में मदद करते हैं।

क्यों महत्वपूर्ण है लक्ष्य निर्धारित करना?

लक्ष्य निर्धारित करना कई कारणों से महत्वपूर्ण है:

- यह हमें दिशा प्रदान करता है: जब हम नहीं जानते कि हम क्या चाहते हैं, तो हम लक्ष्यहीन हो सकते हैं और खोए हुए महसूस कर सकते हैं। लक्ष्य निर्धारित करने से हमें एक दिशा मिलती है और हमें उन चीजों पर ध्यान केंद्रित करने में मदद मिलती है जो हमारे लिए महत्वपूर्ण हैं।

- यह हमें प्रेरित करता है: जब हम स्पष्ट लक्ष्य रखते हैं, तो हम उन्हें प्राप्त करने के लिए प्रेरित होते हैं। लक्ष्य हमें याद दिलाते हैं कि हम क्या हासिल करना चाहते हैं और हमें कड़ी मेहनत करने और दृढ़ रहने के लिए प्रोत्साहित करते हैं।

- यह हमें सफल होने में मदद करता है: अध्ययनों से पता चला है कि जो लोग लक्ष्य निर्धारित करते हैं, वे उन लोगों की तुलना में अधिक सफल होने की संभावना रखते हैं, जो लक्ष्य निर्धारित नहीं

करते हैं। लक्ष्य निर्धारित करने से हमें एक योजना बनाने और अपने प्रयासों को निर्देशित करने में मदद मिलती है।

कैसे निर्धारित करें स्पष्ट लक्ष्य?

स्पष्ट लक्ष्य निर्धारित करने के लिए कुछ सुझाव:

- अपने आप से पूछें कि आप क्या हासिल करना चाहते हैं: अपने आप से ईमानदार रहें और अपने लक्ष्यों के बारे में सोचें। आप क्या हासिल करना चाहते हैं? आप अपने जीवन में क्या बदलाव चाहते हैं?

- अपने लक्ष्यों को स्पष्ट रूप से परिभाषित करें: अपने लक्ष्यों को SMART (Specific, Measurable, Achievable, Relevant, and Time-bound) बनाएं। इसका मतलब है कि आपके लक्ष्य विशिष्ट, मापने योग्य, प्राप्त करने योग्य, प्रासंगिक और समयबद्ध होने चाहिए।

- अपने लक्ष्यों को लिखें: अपने लक्ष्यों को लिखने से वे अधिक वास्तविक हो जाते हैं और आपको उन तक पहुँचने के लिए प्रेरित करते हैं।

- अपने लक्ष्यों को दूसरों से साझा करें: अपने लक्ष्यों को अपने दोस्तों, परिवार के सदस्यों या सहकर्मियों के साथ साझा करने से आप उन तक पहुँचने के लिए प्रतिबद्ध रह सकते हैं।

- अपनी प्रगति को ट्रैक करें: अपनी प्रगति को ट्रैक करने से आप देख सकते हैं कि आप कितनी दूर आ गए हैं और यह आपको आगे बढ़ते रहने के लिए प्रेरित करेगा।

प्राथमिकताएँ निर्धारित करना क्यों महत्वपूर्ण है?

प्राथमिकताएँ निर्धारित करना कई कारणों से महत्वपूर्ण है:

- यह हमें अपना समय और संसाधन कुशलता से उपयोग करने में मदद करता है: जब हम जानते हैं कि क्या महत्वपूर्ण है, तो हम अपना समय और संसाधन उन चीजों पर खर्च कर सकते हैं जो वास्तव में मायने रखती हैं।

- यह हमें तनाव कम करने में मदद करता है: जब हम अभिभूत महसूस करते हैं, तो प्राथमिकताएँ निर्धारित करने से हमें स्पष्टता मिलती है और हमें ध्यान केंद्रित करने में मदद मिलती है।

- यह हमें अधिक उत्पादक बनने में मदद करता है: जब हम जानते हैं कि क्या महत्वपूर्ण है, तो हम अपना समय बर्बाद किए बिना अधिक काम कर सकते हैं।

कैसे निर्धारित करें प्राथमिकताएँ?

प्राथमिकताएँ निर्धारित करने के कुछ सुझाव:

- अपनी ज़िम्मेदारियों की एक सूची बनाएं: अपनी सभी ज़िम्मेदारियों को लिख लें, चाहे वे बड़ी हों या छोटी।

क्षणिक सुख में देरी करना और एकाग्र रहना

मनुष्य के स्वभाव में क्षणिक सुख की लालसा होती है। हम अक्सर तत्काल संतुष्टि के लिए दीर्घकालिल लक्ष्यों को त्याग देते हैं। हालांकि, क्षणिक सुख में देरी करना और एकाग्र रहना हमारे जीवन में सफलता और खुशी के लिए आवश्यक है।

क्षणिक सुख क्या है?

क्षणिक सुख किसी भी ऐसी गतिविधि या अनुभव को संदर्भित करता है जो हमें अल्पकालिक आनंद प्रदान करती है। उदाहरण के लिए, हम अक्सर अत्यधिक भोजन करना, सोशल मीडिया पर स्क्रॉल करना या टीवी देखना पसंद करते हैं। हालांकि, ये गतिविधियां हमें अल्पकालिक संतुष्टि दे सकती हैं, वे दीर्घकालिक में हमारे लिए हानिकारक हो सकती हैं।

क्षणिक सुख में देरी क्यों महत्वपूर्ण है?

क्षणिक सुख में देरी करना कई कारणों से महत्वपूर्ण है:

- यह हमें हमारे दीर्घकालिक लक्ष्यों पर ध्यान केंद्रित करने में मदद करता है: जब हम क्षणिक सुख में देरी करते हैं, तो हम अपने दीर्घकालिक लक्ष्यों के बारे में सोचने और उनके लिए योजना बनाने में अधिक सक्षम होते हैं।

- यह हमें हमारी इच्छाशक्ति को मजबूत करने में मदद करता है: जब हम क्षणिक सुख में देरी करते हैं, तो हम अपनी इच्छाशक्ति को प्रशिक्षित करते हैं और आत्म-नियंत्रण की क्षमता विकसित करते हैं।

- यह हमें दीर्घकालिक सफलता प्राप्त करने में मदद करता है: जब हम क्षणिक सुख में देरी करते हैं, तो हम अपने लक्ष्यों को प्राप्त करने की अधिक संभावना रखते हैं।

क्षणिक सुख में देरी करने के लिए टिप्स:

- अपने लक्ष्यों को स्पष्ट रूप से परिभाषित करें: जब आप जानते हैं कि आप क्या हासिल करना चाहते हैं, तो आप तत्काल संतुष्टि के लिए अपने दीर्घकालिक लक्ष्यों को त्यागने की संभावना कम रखते हैं।

- अपनी प्रगति को ट्रैक करें: जब आप देख सकते हैं कि आप कितनी दूर आ गए हैं, तो आप प्रेरित रहने और अपने लक्ष्यों की ओर आगे बढ़ते रहने की अधिक संभावना रखते हैं।

- अपने आप को पुरस्कृत करें: जब आप कोई लक्ष्य प्राप्त करते हैं, तो उसे ज़रूर मनाएँ। यह आपको अच्छा महसूस कराएगा और आपको आगे बढ़ते रहने के लिए प्रेरित करेगा।

- अपने आस-पास सहायक लोगों को रखें: सकारात्मक और प्रेरित लोग आपको क्षणिक सुख में देरी करने और अपने लक्ष्यों को प्राप्त करने में मदद कर सकते हैं।

एकाग्र रहना क्यों महत्वपूर्ण है?

एकाग्र रहना कई कारणों से महत्वपूर्ण है:

- यह हमें उत्पादक होने में मदद करता है: जब हम एकाग्र होते हैं, तो हम कम समय में अधिक काम करने में सक्षम होते हैं।

- यह हमें रचनात्मक होने में मदद करता है: जब हम एकाग्र होते हैं, तो हम नए विचारों के साथ आने और समस्याओं का समाधान करने में अधिक सक्षम होते हैं।

- यह हमें खुश रहने में मदद करता है: जब हम एकाग्र होते हैं, तो हम वर्तमान क्षण में मौजूद रहने और अपने आस-पास की दुनिया की सराहना करने में अधिक सक्षम होते हैं।

एकाग्र रहने के लिए टिप्स:

- अपनी कार्यस्थल को अव्यवस्था-मुक्त रखें: जब आपका कार्यस्थल अव्यवस्थित होता है, तो आप आसानी से विचलित हो सकते हैं।

- अपने फोन और सोशल मीडिया से विराम लें: जब आप काम कर रहे हों या अध्ययन कर रहे हों, तो अपने फोन और सोशल मीडिया को दूर रखें।

- टुकड़ों में काम करें: जब आप एक बड़े काम को पूरा कर

आत्म-संयम और दृढ़ संकल्प का अभ्यास करना

आत्म-संयम और दृढ़ संकल्प जीवन के सभी पहलुओं में सफलता के लिए आवश्यक गुण हैं। वे हमें तनाव से निपटने, लक्ष्य प्राप्त करने और एक सुखी और पूरा जीवन जीने में मदद करते हैं।

आत्म-संयम क्या है?

आत्म-संयम अपने विचारों, भावनाओं और व्यवहारों को नियंत्रित करने की क्षमता है। यह हमारे लक्ष्यों के अनुकूल कार्य करने और आवेगपूर्ण या विनाशकारी व्यवहार को रोकने की हमारी क्षमता है।

दृढ़ संकल्प क्या है?

दृढ़ संकल्प अपने लक्ष्यों को प्राप्त करने के लिए कड़ी मेहनत, दृढ़ता और प्रतिबद्धता दिखाने की क्षमता है। यह बाधाओं का सामना करने और हार मानने के बजाय आगे बढ़ते रहने की हमारी इच्छा है।

आत्म-संयम और दृढ़ संकल्प क्यों महत्वपूर्ण हैं?

आत्म-संयम और दृढ़ संकल्प जीवन में सफलता के लिए आवश्यक गुण हैं। वे हमें निम्नलिखित तरीकों से लाभान्वित करते हैं:

- तनाव से निपटने में हमारी मदद करें: जब हम तनाव में होते हैं, तो आत्म-संयम और दृढ़ संकल्प हमें शांत और एकत्र रहने में मदद कर सकते हैं। वे हमें आवेगपूर्ण प्रतिक्रियाओं से बचने और समस्याओं का समाधान खोजने में भी मदद कर सकते हैं।

- लक्ष्य प्राप्त करने में हमारी मदद करें: जब हम स्पष्ट लक्ष्य रखते हैं, तो आत्म-संयम और दृढ़ संकल्प हमें उन तक पहुँचने के लिए

कड़ी मेहनत करने और दृढ़ रहने में मदद कर सकते हैं। वे हमें विचलित होने से और हार मानने से भी रोक सकते हैं।

- स्वस्थ आदतें विकसित करने में हमारी मदद करें: आत्म-संयम और दृढ़ संकल्प हमें स्वस्थ आदतें विकसित करने में मदद कर सकते हैं, जैसे कि स्वस्थ भोजन करना, नियमित रूप से व्यायाम करना और पर्याप्त नींद लेना। वे हमें अस्वस्थ आदतों को तोड़ने में भी मदद कर सकते हैं, जैसे कि धूम्रपान करना या बहुत अधिक शराब पीना।

- एक सुखी और पूरा जीवन जीने में हमारी मदद करें: जब हम आत्म-संयम और दृढ़ संकल्प का अभ्यास करते हैं, तो हम अपने लक्ष्यों को प्राप्त करने और एक सार्थक जीवन जीने की अधिक संभावना रखते हैं। हम तनाव से बेहतर तरीके से निपटने में भी सक्षम होंगे और अधिक आत्मविश्वास और लचीलेपन का अनुभव करेंगे।

आत्म-संयम और दृढ़ संकल्प का अभ्यास करने के लिए टिप्स:

- अपने लक्ष्यों को स्पष्ट रूप से परिभाषित करें: जब आप जानते हैं कि आप क्या हासिल करना चाहते हैं, तो आप अपने लक्ष्यों के अनुकूल कार्य करने के लिए अधिक प्रेरित होंगे।

- छोटे, प्राप्य लक्ष्य निर्धारित करें: बड़े लक्ष्यों को छोटे, प्राप्य लक्ष्यों में तोड़ने से उन्हें कम भारी और अधिक प्राप्य बना दिया जाता है।

- हर कदम पर खुद को पुरस्कृत करें: जब आप कोई लक्ष्य प्राप्त करते हैं, तो उसे ज़रूर मनाएँ। यह आपको अच्छा महसूस कराएगा और आपको आगे बढ़ते रहने के लिए प्रेरित करेगा।

Chapter V: Nurturing Self-Belief

Chapter V: आत्म-विश्वास का पोषण करना

अपनी शक्तियों और क्षमताओं को पहचानना

हम में से प्रत्येक के पास अद्वितीय शक्तियां और क्षमताएं हैं जो हमें सफल बना सकती हैं। हालाँकि, इन शक्तियों को पहचानना हमेशा आसान नहीं होता है। खुद पर संदेह करना और कम आंकना आसान है।

लेकिन अपनी ताकत और कमियों को पहचानना महत्वपूर्ण है। यह हमें हमारे लक्ष्यों को प्राप्त करने में मदद कर सकता है, हमारी आत्म-छवि में सुधार कर सकता है और हमें एक अधिक पूरा जीवन जीने में सक्षम बना सकता है।

अपनी शक्तियों को कैसे पहचानें

- अपने आप से पूछें कि आप क्या अच्छा करते हैं: आप क्या कर सकते हैं कि दूसरे लोग नहीं कर सकते? क्या आप किसी विशेष कौशल में पारंगत हैं? क्या आप किसी विशेष विषय के बारे में जानकार हैं?
- अपनी उपलब्धियों को प्रतिबिंबित करें: आपने जीवन में क्या हासिल किया है? किन चुनौतियों को आप दूर कर चुके हैं? किन लक्ष्यों को आपने पूरा किया है?
- दूसरों से प्रतिक्रिया लें: आप के बारे में दूसरों का क्या कहना है? वे आपकी किन ताकतों को नोटिस करते हैं?

- अपने आप को चुनौती दें: नए अनुभवों की कोशिश करें और अपनी सीमाओं को बढ़ाएं। आप उन प्रतिभाओं और क्षमताओं को खोज सकते हैं जिनके बारे में आप नहीं जानते थे।

अपनी कमियों को कैसे पहचानें

- अपनी गलतियों से सीखें: सभी गलतियाँ करते हैं। लेकिन उनसे सीखना महत्वपूर्ण है कि आप अगली बार कैसे बेहतर कर सकते हैं।
- अपने आप से पूछें कि आप किन क्षेत्रों में सुधार कर सकते हैं: क्या कोई ऐसा कौशल है जो आप सीखना चाहते हैं? क्या कोई ऐसा क्षेत्र है जहाँ आप अधिक ज्ञान चाहते हैं?
- दूसरों से प्रतिक्रिया लें: आप के बारे में दूसरों का क्या कहना है? क्या वे आपके लिए कोई सुधार क्षेत्र नोटिस करते हैं?
- अपनी कमियों के प्रति ईमानदार रहें: अपनी कमियों को पहचानना आसान नहीं हो सकता है, लेकिन यह महत्वपूर्ण है कि आप उनका सामना करें।

एक बार जब आप अपनी शक्तियों और कमियों को पहचान लेंगे, तो आप उन्हें सुधारने के लिए कदम उठा सकते हैं।

- अपनी शक्तियों का विकास करें: उन गतिविधियों में भाग लें जो आपकी ताकत को बढ़ाती हैं। नए कौशल सीखें और अपने ज्ञान का विस्तार करें।
- अपनी कमियों पर काम करें: अपनी कमियों को दूर करने के लिए रणनीतियाँ विकसित करें। मदद के लिए दूसरों से पूछें और अपनी प्रगति पर ध्यान दें।

अपनी शक्तियों और कमियों को पहचानना एक आजीवन यात्रा है। लेकिन यह एक यात्रा है जो इसके लायक है। जब आप अपनी शक्तियों का उपयोग करते हैं और अपनी कमियों पर काम करते हैं, तो आप अपने पूरे क्षमता तक पहुँच सकते हैं।

अंत में, यह याद रखना महत्वपूर्ण है कि आप अद्वितीय हैं और आपके पास बहुत कुछ है। अपनी ताकत और कमियों को पहचानें और उन्हें अपने लाभ के लिए उपयोग करें। आप कुछ भी कर सकते हैं यदि आप अपने आप पर विश्वास करते हैं।

सफलता और सकारात्मक परिणामों की कल्पना करना

सफलता और सकारात्मक परिणामों की कल्पना करना एक शक्तिशाली उपकरण है जो हमें अपने लक्ष्यों को प्राप्त करने और एक खुशहाल और पूरा जीवन जीने में मदद कर सकता है। जब हम सफलता की कल्पना करते हैं, तो हम अपने दिमाग में एक छवि बनाते हैं कि हम क्या चाहते हैं और यह कैसा लगेगा। यह छवि हमें प्रेरित करती है और हमें कड़ी मेहनत करने और दृढ़ रहने के लिए प्रोत्साहित करती है।

कैसे करें सफलता और सकारात्मक परिणामों की कल्पना

- एक शांत जगह पर बैठें और आराम करें: अपने दिमाग को शांत करना और वर्तमान क्षण में मौजूद रहना महत्वपूर्ण है।
- अपने लक्ष्य को स्पष्ट रूप से परिभाषित करें: आप क्या हासिल करना चाहते हैं? आप कैसा महसूस करना चाहते हैं?
- अपने लक्ष्य को विस्तार से कल्पना करें: अपने आप को अपने लक्ष्य तक पहुँचते हुए देखें। आप क्या देख रहे हैं? आप क्या सुन रहे हैं? आप क्या महसूस कर रहे हैं?
- अपनी कल्पना को यथासंभव यथार्थवादी बनाएं: अपने आप को अपने लक्ष्य से जुड़े सभी विवरणों की कल्पना करें।
- अपनी कल्पना को नियमित रूप से दोहराएं: जितनी बार आप अपनी कल्पना को दोहराएंगे, उतनी ही अधिक प्रभावी होगी।

सफलता और सकारात्मक परिणामों की कल्पना करने के लाभ

- यह हमें प्रेरित करता है: जब हम सफलता की कल्पना करते हैं, तो हम अपने लक्ष्यों के प्रति अधिक प्रेरित होते हैं।

- यह हमें अधिक आत्मविश्वास देता है: जब हम सफलता की कल्पना करते हैं, तो हम अपने बारे में अधिक आश्वस्त महसूस करते हैं और अपनी क्षमताओं पर विश्वास करते हैं।
- यह हमें फोकस्ड रहने में मदद करता है: जब हम सफलता की कल्पना करते हैं, तो हम अपने लक्ष्यों पर ध्यान केंद्रित करने में अधिक सक्षम होते हैं और विचलित होने से बचते हैं।
- यह हमें तनाव कम करने में मदद करता है: जब हम सफलता की कल्पना करते हैं, तो हम शांत और एकत्र महसूस करते हैं।
- यह हमें सफल होने में मदद करता है: studies have shown that people who visualize success are more likely to achieve their goals.

सफलता और सकारात्मक परिणामों की कल्पना करने के लिए कुछ अतिरिक्त टिप्स

- अपनी कल्पना में सभी इंद्रियों का उपयोग करें: अपनी कल्पना में दृष्टि, श्रवण, गंध, स्वाद और स्पर्श सभी को शामिल करें।
- अपनी कल्पना में भावनाओं को महसूस करें: अपने लक्ष्य को प्राप्त करने से आपको कैसा लगेगा, यह महसूस करने का प्रयास करें।
- अपनी कल्पना को सकारात्मक रखें: केवल सफलता और सकारात्मक परिणामों की कल्पना करने पर ध्यान दें।
- अपनी कल्पना में विश्वास करें: विश्वास करें कि आप अपने लक्ष्यों को प्राप्त कर सकते हैं और आप जो चाहते हैं उसे प्राप्त कर सकते हैं।

सफलता और सकारात्मक परिणामों की कल्पना करना एक शक्तिशाली उपकरण है जो आपको अपने लक्ष्यों को प्राप्त करने और

एक खुशहाल और पूरा जीवन जीने में मदद कर सत्ता है। यह एक ऐसा कौशल है जिसे कोई भी सीख सकता है, और एक बार जब आप इसे सीख लेते हैं, तो आप इसे अपने लाभ के लिए उपयोग कर सकते हैं।

अंत में, यह याद रखना महत्वपूर्ण है कि सफलता की कल्पना करना कड़ी मेहनत और दृढ़ता का विकल्प नहीं है। आपको अभी भी अपने लक्ष्यों को प्राप्त करने के लिए कड़ी मेहनत करनी होगी। लेकिन जब आप अपनी कल्पना का उपयोग करते हैं, तो आप अपने लक्ष्यों को प्राप्त करने की सं

आत्म-संदेह और नकारात्मक विचारों पर काबू पाना

हम सभी समय-समय पर आत्म-संदेह और नकारात्मक विचारों का अनुभव करते हैं। ये विचार हमें हमारे लक्ष्यों को प्राप्त करने से रोक सकते हैं और हमारे आत्म-सम्मान को कम कर सकते हैं। लेकिन इन विचारों पर काबू पाना संभव है।

आत्म-संदेह क्या है?

आत्म-संदेह यह विश्वास है कि आप सक्षम नहीं हैं या आप अपने लक्ष्यों को प्राप्त नहीं कर सकते। यह अक्सर कम आत्म-सम्मान और कम आत्मविश्वास से जुड़ा होता है।

नकारात्मक विचार क्या हैं?

नकारात्मक विचार वे विचार हैं जो हमें खुद के बारे में, हमारे क्षमताओं के बारे में और हमारे भविष्य के बारे में बुरा महसूस कराते हैं। वे अक्सर स्वचालित और अनियंत्रित होते हैं।

आत्म-संदेह और नकारात्मक विचारों के कारण

आत्म-संदेह और नकारात्मक विचारों के कई कारण हो सकते हैं, जिनमें शामिल हैं:

- कम आत्म-सम्मान: यदि आपके बारे में आपकी राय नकारात्मक है, तो आप अपने आप पर कम विश्वास करने की संभावना रखते हैं।
- अतीत की असफलताएँ: अतीत में हुई असफलताएँ हमें खुद पर संदेह करने और सोचने का कारण बन सकती हैं कि हम फिर से असफल होंगे।

- दूसरों की आलोचना: दूसरों की आलोचना, विशेषकर उन लोगों की जो हमारे लिए महत्वपूर्ण हैं, हमें खुद पर संदेह करने का कारण बन सकती है।
- समाजिक दबाव: समाज से आने वाला दबाव, जैसे कि हर समय सफल होने या सही दिखने का दबाव, हमें खुद पर संदेह करने का कारण बन सकता है।

आत्म-संदेह और नकारात्मक विचारों पर काबू पाने के लिए टिप्स

आत्म-संदेह और नकारात्मक विचारों पर काबू पाने के लिए आप कई चीजें कर सकते हैं, जिनमें शामिल हैं:

- अपने विचारों को पहचानें: पहला कदम अपने नकारात्मक विचारों को पहचानना है। एक बार जब आप उन्हें पहचान लेते हैं, तो आप उन पर काम करना शुरू कर सकते हैं।
- अपने विचारों को चुनौती दें: अपने नकारात्मक विचारों को तथ्यों के आधार पर चुनौती दें। क्या वे विचार वास्तव में सत्य हैं? क्या आपको उनके बारे में सबूत हैं?
- अपनी सफलताओं पर ध्यान दें: अपने आप को याद दिलाएं कि आपने अतीत में क्या हासिल किया है। यह आपको यह विश्वास दिलाएगा कि आप अपने लक्ष्यों को प्राप्त कर सकते हैं।
- अपने आस-पास सकारात्मक लोगों को रखें: सकारात्मक लोग आपको प्रेरित और प्रोत्साहित कर सकते हैं। वे आपको अपने बारे में अच्छा महसूस करने में भी मदद कर सकते हैं।
- पेशेवर मदद लें: यदि आप आत्म-संदेह और नकारात्मक विचारों से जूझ रहे हैं, तो पेशेवर मदद लेने से न डरें। एक चिकित्सक आपको उन विचारों पर काबू पाने में मदद कर सकता है और आपके आत्म-सम्मान में सुधार कर सकता है।

आत्म-संदेह और नकारात्मक विचारों पर काबू पाना आसान नहीं है। लेकिन यह संभव है। यदि आप कड़ी मेहनत करते हैं और दृढ़ रहते हैं, तो आप इन विचारों पर काबू पा सकते हैं और अपने लक्ष्यों को प्राप्त कर सकते हैं।

अंत में, यह याद रखना महत्वपूर्ण है कि आप अकेले नहीं हैं। हर कोई समय-समय पर आत्म-संदेह और नकारात्मक विचारों का अनुभव करता है। लेकिन महत्वपूर्ण बात यह है कि इन विचारों को हावी न होने दें। आप इन विचारों पर काबू पा सकते हैं और एक खुश

Chapter VI: Conclusion

Chapter VI: निष्कर्ष

सफलता प्राप्त करने के लिए एक मजबूत मानसिकता की शक्ति

सफलता एक ऐसी चीज है जो हम सभी चाहते हैं। लेकिन सफलता कैसे प्राप्त करें? क्या यह सिर्फ भाग्य या परिस्थितियों का मामला है? या क्या कुछ और है जो सफल लोगों को अलग बनाता है?

जवाब है, हां। सफल लोगों के पास एक मजबूत मानसिकता होती है। वे अपने विचारों, भावनाओं और व्यवहारों को नियंत्रित करने में सक्षम होते हैं और वे अपने लक्ष्यों को प्राप्त करने के लिए दृढ़ विश्वास रखते हैं।

एक मजबूत मानसिकता क्या है?

एक मजबूत मानसिकता में विश्वास, दृढ़ संकल्प, लचीलापन और आत्म-अनुशासन जैसे गुण शामिल हैं। यह वह मानसिकता है जो आपको बाधाओं का सामना करने, हार मानने से बचने और अपने लक्ष्यों को प्राप्त करने की शक्ति देती है।

एक मजबूत मानसिकता के लाभ

एक मजबूत मानसिकता के कई लाभ हैं, जिनमें शामिल हैं:

- लक्ष्य प्राप्ति: एक मजबूत मानसिकता आपको अपने लक्ष्यों को प्राप्त करने की अधिक संभावना देती है। यह आपको अपने लक्ष्यों पर ध्यान केंद्रित करने और दृढ़ रहने में मदद करता है।

- **तनाव से निपटान:** एक मजबूत मानसिकता आपको तनाव से निपटने में मदद करती है। यह आपको शांत और एकत्र रहने में मदद करता है, भले ही आप चुनौतीपूर्ण परिस्थितियों का सामना कर रहे हों।

- **सकारात्मकता:** एक मजबूत मानसिकता आपको अधिक सकारात्मक बनाती है। यह आपको अपने आस-पास की दुनिया में अच्छाई देखने में मदद करता है और अपने भविष्य के बारे में आशावादी महसूस करता है।

- **आत्मविश्वास:** एक मजबूत मानसिकता आपको अधिक आत्मविश्वास देती है। यह आपको अपनी क्षमताओं में विश्वास दिलाती है और आपको अपने लक्ष्यों को प्राप्त करने के लिए जोखिम लेने का साहस देती है।

एक मजबूत मानसिकता कैसे विकसित करें

एक मजबूत मानसिकता रातोंरात विकसित नहीं होती है। इसमें समय, प्रयास और समर्पण लगता है। लेकिन यह निश्चित रूप से प्रयास के लायक है।

एक मजबूत मानसिकता विकसित करने के लिए आप कुछ चीजें कर सकते हैं, जिनमें शामिल हैं:

- **अपने विचारों को नियंत्रित करें:** अपने विचारों को पहचानें और उन पर ध्यान दें। नकारात्मक विचारों को सकारात्मक विचारों से बदलें।

- **अपनी भावनाओं को मैनेज करें:** अपनी भावनाओं को पहचानें और उनसे निपटने के लिए स्वस्थ तरीके खोजें। अपनी भावनाओं को आपको नियंत्रित न होने दें।

- अपने व्यवहारों को बदलें: उन व्यवहारों को पहचानें जो आपको अपने लक्ष्यों को प्राप्त करने में बाधित कर रहे हैं और उन

निरंतर विकास और वृद्धि के लिए रणनीतियाँ

जीवन में निरंतर विकास और वृद्धि आवश्यक है। यह हमें नई चीजें सीखने, अपने कौशल को विकसित करने और अपने लक्ष्यों को प्राप्त करने में मदद करता है। यह हमें एक व्यक्ति के रूप में भी विकसित होने और हमारे जीवन में अधिक अर्थ और पूर्ति पाने में मदद करता है।

निरंतर विकास और वृद्धि के लिए कई अलग-अलग रणनीतियाँ हैं। कुछ रणनीतियाँ दूसरों की तुलना में आपके लिए अधिक प्रभावी हो सकती हैं। यह महत्वपूर्ण है कि आप उन रणनीतियों को खोजें जो आपके लिए सबसे अच्छा काम करती हैं और उन्हें अपने जीवन में नियमित रूप से शामिल करती हैं।

निरंतर विकास और वृद्धि के लिए कुछ प्रभावी रणनीतियाँ

- स्पष्ट लक्ष्य निर्धारित करें: आप क्या हासिल करना चाहते हैं? आप कैसे विकसित होना चाहते हैं? एक बार जब आप अपने लक्ष्यों को स्पष्ट रूप से परिभाषित कर लेते हैं, तो आप उन्हें प्राप्त करने के लिए एक योजना बना सकते हैं।

- छोटे-छोटे कदम उठाएँ: बड़े लक्ष्यों को प्राप्त करना कठिन हो सकता है। लेकिन छोटे-छोटे कदम उठाकर आप अपने लक्ष्यों की ओर लगातार प्रगति कर सकते हैं।

- नई चीजें सीखें: नई चीजें सीखने से आपका दिमाग सक्रिय रहता है और आपका ज्ञान और कौशल बढ़ता है। नए लोगों से मिलें, नई किताबें पढ़ें, और नई गतिविधियाँ आज़माएँ।

- अपनी कमियों पर काम करें: हर किसी में कमियां होती हैं। लेकिन आप अपनी कमियों पर काम करके उन्हें सुधार सकते

हैं। अपनी कमियों को पहचानें और उन्हें दूर करने के लिए रणनीतियाँ विकसित करें।

- अपने आप से दयालु बनें: विकास और वृद्धि में समय लगता है। रास्ते में गलतियाँ करना भी स्वाभाविक है। अपने आप से दयालु बनें और खुद को पीछे न रखें।

- अपने आप को प्रोत्साहित करें: जब आप प्रगति करते हैं, तो खुद को बधाई दें। यह आपको प्रेरित करेगा और कड़ी मेहनत करने का हौसला देगा।

- दूसरों से प्रेरणा लें: ऐसे लोगों से घेरें जो आपको प्रेरित करते हैं और आपको प्रोत्साहित करते हैं। उनकी सफलताओं से सीखें और उनकी सकारात्मक ऊर्जा को अपने में ग्रहण करें।

- कभी न हार मानें: विकास और वृद्धि में चुनौतियाँ आना स्वाभाविक है। लेकिन कभी हार न मानें। अपने लक्ष्यों पर ध्यान केंद्रित रहें और कड़ी मेहनत करते रहें।

निरंतर विकास और वृद्धि एक आजीवन यात्रा है। लेकिन यह एक ऐसी यात्रा है जो इसके लायक है। जब आप लगातार विकसित होते रहते हैं, तो आप अपने लक्ष्यों को प्राप्त कर सकते हैं, एक व्यक्ति के रूप में विकसित हो सकते हैं और अपने जीवन में अधिक अर्थ और पूर्ति पा सकते हैं।

अंत में, यह याद रखना महत्वपूर्ण है कि आप अकेले नहीं हैं। हर कोई विकास और वृद्धि के लिए प्रयास कर रहा है। उन लोगों से समर्थन और प्रोत्साहन लें जो आपकी परवाह करते हैं और कभी भी हार न मानें।

www.ingramcontent.com/pod-product-compliance
Lightning Source LLC
LaVergne TN
LVHW010621070526
838199LV00063BA/5227
* 9 7 9 8 8 6 8 9 9 3 0 4 6 *

Seasons of Change

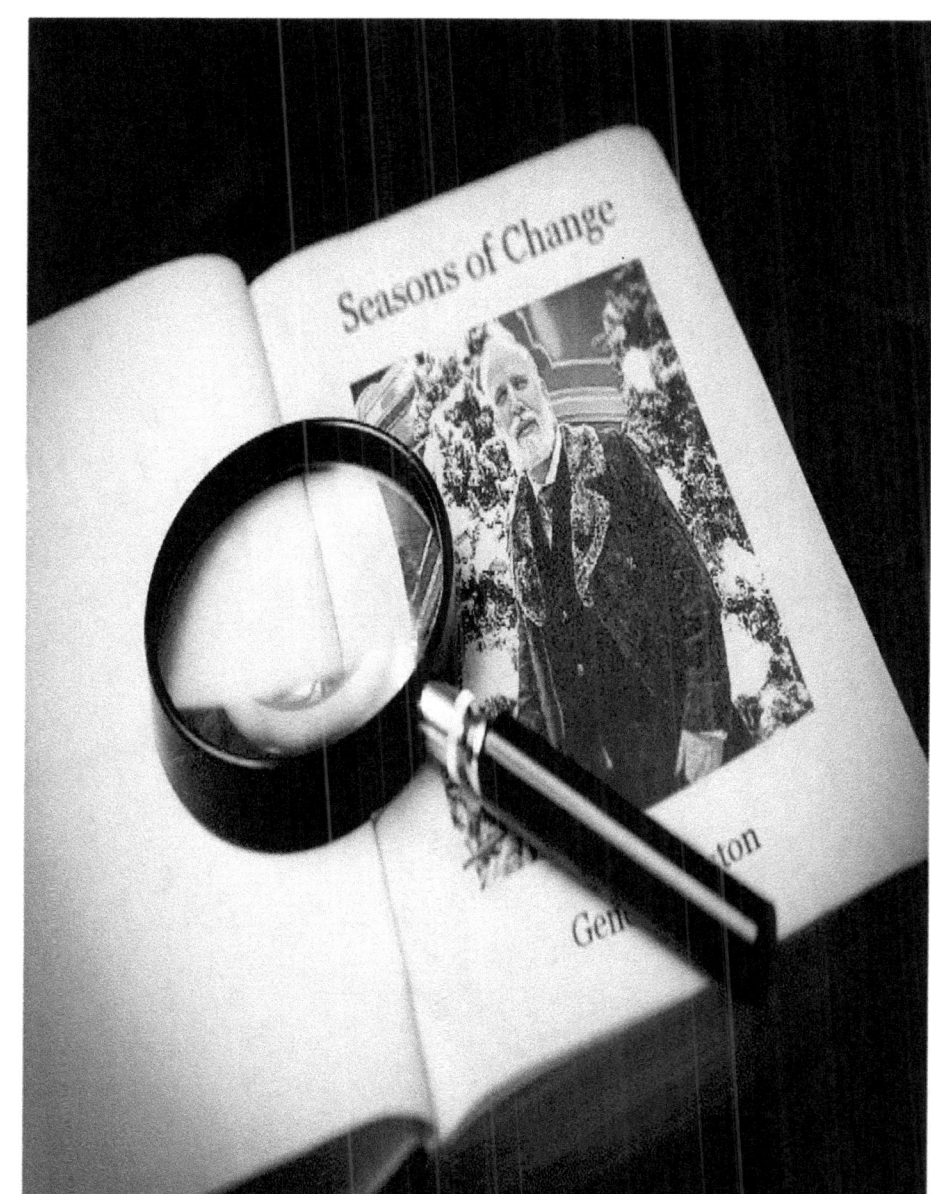